国家出版基金项目
NATIONAL PUBLICATION FOUNDATION

西域史族新考

張西曼◎著

山西出版傳媒集團
山西人民出版社

圖書在版編目(CIP)數據

西域史族新考 / 張西曼著. —太原：山西人民出版社，2015.4(2024.2重印)
(近代名家散佚學術著作叢刊 / 許嘉璐主編)
ISBN 978-7-203-08771-7

Ⅰ.①西… Ⅱ.①張… Ⅲ.①西域—少數民族—民族歷史—研究 Ⅳ.①K280.4

中國版本圖書館CIP數據核字(2015)第072537號

西域史族新考

主　　編　許嘉璐
著　　者　張西曼
責任編輯　張文穎

出 版 者　山西出版傳媒集團·山西人民出版社
地　　址　太原市建設南路21號
郵　　編　030012
發行營銷　0351-4922220　4955996　4956039　4922127(傳真)
天貓官網　https://sxrmcbs.tmall.com　電話　0351-4922159
E-mail　sxskcb@163.com　發行部
　　　　sxskcb@126.com　總編室
網　　址　www.sxskcb.com

經 銷 者　山西出版傳媒集團·山西人民出版社
承 印 廠　山西出版傳媒集團·山西新華印業有限公司

開　　本　700mm×970mm　1/16
印　　張　4.75
字　　數　46千字
版　　次　2015年4月　第1版
印　　次　2024年2月　第二次印刷
書　　號　ISBN 978-7-203-08771-7
定　　價　23.00圓

《近代名家散佚學術著作叢刊》編委會

總主編　許嘉璐

編委會　王紹培　王繼軍　許石林　李明君
汪高鑫　趙　勇　梁歸智　樊　綱
（按姓氏筆畫排序）

總策劃　越衆文化傳播·南兆旭

出版工作委員會

主　任　李廣潔

副主任　姚　軍　石淩虚

委　員　周　威　梁晉華　徐　勝　顔海琴
張文穎　秦繼華　馮靈芝　張　潔

設計總監　李尚斌

設計製作　王秀玲　何萬峰　歐陽樂天

出版説明

《近代名家散佚學術著作叢刊》選取一九四九年以後未再刊行之近代名家學術著作共一百二十册，編例如次：

一、本叢書遴選之著作在相關學術領域具有一定的代表性，在學術研究方向、方法上獨具特色。

二、爲避免重新排印時出錯，本叢書原本原貌影印出版。影印之底本皆經專家組審定，原書字體大小，排版格式均未做大的改變，原書之序言、附注皆予保留。

三、本叢書分爲八大類，以作者生卒年編次。

四、爲使叢書體例一致，本叢書前言後記均采用繁體字排版。

五、個別頁碼較少的版本，爲方便裝幀和閱讀，進行了合訂。

六、少數學術著作原書内容有個別破損之處，編者以不改變版本内容爲前提，部分進行修補，難以修復之處保留缺損原狀。

七、原版書中個别錯訛之處，皆照原樣影印，未做修改。

八、所選版本之抽印本頁碼標注，起始至所終頁碼均照原樣影印，未重新編排標注新頁碼。

由於叢書規模較大，不足之處，殷切期待方家指正。

總序／

披沙瀝金，以爲鏡鑒

◇許嘉璐

多年來有一個問題始終在我腦中盤桓：爲什麼在十九世紀末到二十世紀初，在短短的幾十年裏，中國的各個學術領域竟涌現了那麼多大師級的人物？這是中國近代史上一個極爲重要的現象，我認爲，如果不能給出令人滿意的答案，我們撰寫的近代學術史將是不完整的，甚至是缺乏靈魂的。後來我知道，著名人類學家克羅伯曾提出過一個問題：爲什麼天才成群地來？看來這種現象的出現並非中國所獨有，思考其所以然的也大有人在。而在那一次世紀之交中國的情况，似乎應驗了「天才成群地來」這個令克氏久久不解的疑問。錢學森先生曾從相反的方向提出了相同的疑問：爲什麼我們這個時代出現不了杰出人才？後來人們稱這個問題爲「錢學森之謎」。

要回答這些疑問不是件容易的事。與其迅速地囫圇地探尋，不如先多了解那些讓中國近代學術（應該包括人文科學和自然科學）史上閃耀着光輝的大師們的作品和自述，從而在腦海里盡量「復原」他們所處的環境和在那種環境下的心理路徑，從中或許可以得到一些啓示。

有一點是顯然的，這就是他們雖然都已遠離塵世而去，但是他們獨立思考的品性、求知治學的真誠、困厄窮愁中對節操的堅守，恐怕是他們共同的主觀因素，一直影響到現在，而且將會永遠留存下去。

就思想界、學術界而言，二十世紀上半葉是一個新説和舊説碰撞，中學和西學融匯的大時代。那時的學人極爲重視言行操守，同時具備現代知識分子的理想信念；他們的學術研究十分純浄，絶少功利因素；他們的視界開闊，以包容的心態和嚴謹的風格造就了成果的大氣與厚重。至於在客觀因素一面，他們實際是在用工業化時代的事實解説着太史公所説的名山之作「大抵聖賢發憤之所爲作」，困厄苦難使得他們「皆意有所鬱結」。這種鬱結，幾乎和個人的名利毫無牽涉，他們永遠不能釋懷的，是民族的存亡、國運的興衰、民衆的福禍和文脈的續斷。

那個時代也是近代歷史上最大規模的中西古今學術調適、創新的時期，學術方法上的交互滲透和融合、創新亦可謂「於斯爲盛」。斯時之學人是要在封閉的屋墻上鑿出窗子的勇士，是使人能够看看外部世界的第一批導夫先路者；或者可以説，他們是在「意有所鬱結」時「彷徨」和「吶喊」的「狂人」。

相對於那時的哲人們，後來者是幸運兒。現在的形勢是，近三十年來學界空前繁榮，衆多學科有了長足之進，其中很重要的一點是學界有了更新穎、更廣闊的國際視野，似乎接續上了百年前的學壇盛事。但細想想，「古」與「今」還是有差別的。其异，主要不在於世界情勢、學術進展、工具改善這些客觀存在，而在於在廣泛吸收各國優長的同時，自身文化的主體性越來越受到重視，换言之，「拿來主義」已經延長了「拿來」的程序，加上了試用、甄别、篩選、吸收、融合、成長。就我孤陋所見，在當今地球上，面向所有異質文明，努力汲取我之所缺，其範圍之大和心態之切，似乎無出中國之右者。從這個角度説，我們已經超越了前輩。但是事情還有另外一面，學術，特别是人文學科，其職業化、「沙龍化」和功利性，以及隨之而來的浮躁病却嚴重了。從這個角度説，是不是我們已經後退得够可以的了？而這是不是我們這個時代出不了大師的原因之一呢？

民國學術界的特點之一是極爲注重對傳統的反省、批判與繼承。他們對傳統文化盡最大的努力進行整理和研究。一方面，由於戰亂頻仍，民不聊生，學者們擔起了讓中華文化薪火相傳的歷史責任；另一方面，他們要通過對中國傳統文化的整理、挖掘來重振民族自信心。這一時期對傳統文化進行整理的全面而深入是前所未有的，舉凡文字學、語言學、經濟學、法學、哲學、政治制度、書法繪畫、金石學……規模之宏大，研究之精微，令人嘆爲觀止。

民國學術推動了現代學科體系的建立。在對傳統文化整理和研究的基礎上，吸收西方的文化思想和理念，推動和建立了中國現代學科體系。例如，在對語言文字和音韵學成果進行整理、研究的基礎上開始着手規範之，建立了國語學；深入研究書法、國畫，將其融入了現代美術學科；在廢除舊有學制後逐步建立起小、中、大學較完整的科目和學科體系。

民國學術也改變了傳統學術方式，建立了新的研究範式。以現代科學考古爲發端，科研的實踐和成果使中國知識界真正認識到在實驗、比較基礎上的邏輯分析對學術研究的重要，推進了中國學術的一大演變。至於我們常説的打破士大夫傳統、走出書齋到田野鄉村和市民中進行調查研究、結束了經學時代、以歷史眼光檢視儒學和諸子等等，都是確立新學術範式的努力。這一轉變，也標誌着中國學術界脱胎换骨，全面進入了現代，爲此後的學術發展奠定了堅實的基礎。當然，西方啓蒙運動以來，在「現代性」和「現代化」裏潛伏着的缺陷和謬誤也傳到了中國，這些不能不在前哲的著作裏留下痕迹。這並不奇怪。類似的情况，古往今來孰能免之？猶如今天的我們，誰敢自稱我之所見就是永恒的真理？在這個問題上兩個時代所異者，或許就在昔時大家創立新説或譯註西學著作，往往是懷着對學術和前哲的敬畏而爲之，故而常常誤不在我；當今則往往出於對學問和他人的輕蔑，或以所研究的對象爲謀己的工具，因而難辭主觀之咎吧。翻閲他們的心血之作，這些復雜的狀況可以顯見，可以視之爲我們的一面鏡子。

滄海桑田，世事變幻，歷史的動盪和時代的遮蔽，使當年許多大師的一些極有價值的學術著作被棄於故紙堆中，不能不令人有遺珠之憾。爲此，山西人民出版社不惜以數年之艱辛，披沙瀝金，編輯出版這套近代名家散佚學術著作叢刊，凡一百二十册，計文學、史學、政治與法律、美學與文藝理論、民族風俗、宗教與哲學、經濟、語言文獻共八大類别。所選皆爲作者之純學術著作，無論是其見解、精神，抑或是其時代烙印，都是後輩學人可資借鑒的寶貴財富。他們出版這套叢書，意在讓世人不忘來程，知篳路藍縷之不易，爲民族文化的傳承再增薪木。

出版社的初衷，與我近年來所思所慮近似，故願略述淺見於書端，以與策劃者、編輯者和讀者共勉。

二〇一四年七月六日
改定於自安東回京途中

前言／

「风俗扫地伤王化，谁正人伦大雅！」

◇許石林

前人欲治天下者，必先視乎風俗，蓋風俗所在，如是則宜，非是則不便。荀子曰：「入境，觀其風俗。」蓋觀風俗以知人心，因其所宜以制禮作樂、立典明法，以期使千差萬别之原生態風俗，得以優化、矯正、改良而趨於均一。而均一之法，所謂「移風易俗，莫善於樂」，以文化野——數千年歷史，雖歷經朝代更迭、戰亂波折，文明陵夷而能頑韌修復與振起者，正因爲風俗矯正、改良從未停歇，此正是「文化」的過程。即均一之最終結果雖數千年而未實現，但均一的過程却從未停止。

風俗於天下安定、黎民富寧可謂至關重要，「治隆於上而俗美於下」，可以説是歷代中國讀書人的理想。考諸往史，自周秦以降，賢士大夫，皆知敦教化、厚風俗之重要，並以此爲己任。做官爲政，也必以淳厚風俗爲指歸，此抱本也；而今日世界各國，無不導民以利，以經濟指標考察政績，此誠逐末也。

前人對於風俗的理解，千年之下，基本相同。宋人蘇軾有云：「國家之所以存亡者，在道德之深淺，不在乎强與弱；歷數之所以長短者，在風俗之薄厚，不在乎富與貧。」清人顧亭林以爲，蘇軾的話是從古至今，最爲「深切」的「根本之言」。

顧炎武自己對風俗的理解，也是「根本之言」：「風俗者，天下之大事。朝廷有教化，則士人有廉耻；士人有廉耻，則天下有風俗。」他這種以天下爲己任的擔當意識和責任感，將賢士大夫即社會精英的「士風」，放在了擔負天下移風易俗重任的重要位置上。

然而歷代士人對風俗關注的焦點，卻有差別，這本身也恰恰構成了各個時期風俗的重要內容。即以清末民初至一九四九年時期與今日民俗學大略印象比較而言，彼時的學人，正如許嘉璐先生所言，「（彼時）正是中國社會極度動盪的時期。尤其是日本帝國主義的侵略，把中國直接推向了生死存亡的關頭。即使如此，係統清理民國學術成果將會發現，中國學術研究不僅没有因此停步不前，反而碩果纍纍，成就巨大。民國學人在極其艱難的環境下，堅守中國的學術命脈，同時也是堅守着中國文化的命脈。」

而今日之風俗學，可能由於新的學術研究的切割法，多畫地爲牢，分塊處理，破碎害道。故今人論風俗，鮮有前人之宏闊胸襟，多退縮到現代意義上的民俗與民間文學之類，即便有所發現查獲，卻無前人熱切地以資當下與未來政治的熱忱，故格局明顯狹小，淪爲供旅遊者攫取談資和獵奇的工具。更有甚者，若研究者價值觀被扭曲，則視舊的一切爲應當革除者，其所研究的結果，字裏行間必然流露出對舊風俗的警惕與謹慎、厭惡與拋棄的思想，如此，則其所知越多，對國故的殺傷越大。

基於此，近代名家散佚學術著作叢刊·民族風俗卷所搜集的民國學人的著作，皆當時士人學者發自於整理通鑑以期資治的用心，冀其所著述能有裨益於國家未來，孜孜矻矻，搜求剔爬，鈎稽考證，網羅歸納。其發願之宏大，足以令今人肅然起敬。而其學養之深厚淵雅，表述之明敏雋永，詞采燦然，亦令人愛賞不已。

撫卷讀之，神馳思飛，感慨萬端：此又民國之士風也。

余承蒙錯愛，忝爲「民族風俗」卷主編，自知失學無才，惶恐愧疚不已，豈敢妄言爲先賢序而着糞於佛首！焚沐捧讀，崇仰之情日滋日長。正如史前時期之西北著者裴文中先生在自己著作前所道，不敢言

「序」，惟有「感言」似乎不可欠缺。余雖愚魯淺陋，亦勉爲感言。所感者有三：

清末民初至一九四九年期間，西學東漸，風俗地理學研究，遂有了新方法。前人礙於工具等諸條件所制約，疏於田野調查之故，或許有過於粗略概括之處，得到了落實細化和實地考察的推進。當時的學者在詳細考證、小心發現後，不僅得出結論。更爲可貴者，將學術研究結果，與現實社會之間打通，讓風俗中的可資當下政治汲取的養分，充盈到現實中來，即向當局提出建議，給人以啓迪。從中可看出，作者没有遭受某種政治意識形態的干擾，有些結論和建議，與現代社會的種種法律、政治理念是相牾的，有的甚至是「向後看」的，但「向後看」的目的卻無疑是意在有利於向前走。也正因如此，反而能自由地向政治提供可資選擇與利用的思想資源。如千蘭——西南中國原始住宅的研究的作者，從建築樣式的歷史演變，得出兩廣及西南雲貴地區，文化上以夏變夷的漫長而平和的過程，令人頗受啓迪。回顧那一段學術史可知，不惟當時的政府力量給予學者以思想學術自由的空間，世俗民間風氣、民衆心態也給學者充分的思想考察的自由空間。此不由人不思忖：蓋思想空間越自由，則學術研究越有生機。此一也。

那一代學人，不幸遭逢國家動盪，外侮侵犯，保家衛國之時，並不急功近利，而期望能正本清源，尋求從根本上解決治療國家當時所存在的痼疾，彌補往史舊學所欠缺、所忽略的盲區，又或盡量搜剔鈎稽，歸納匯集，以資能有利於國家民族當時的救亡與未來的强盛。史前時期之西北、西域史族新考、東北地方沿革及其民族，皆是也。史前時期之西北的作者總結自漢代以來，歷代朝廷經營邊功，奄忽而盛，又倏然而寂，屢費財力損兵革，終究未能使西北做到久安永寧的原因，不僅僅在於謀劃未周，兵馬未强，作者認爲還在於中國的方塊漢字，對夷狄來説，難寫難認，使已經被羈縻之夷狄，不能順暢地接受優秀的中原文化，而以儒家爲主流的中原文化，又缺乏宗教力量以因果報應之説警戒愚俗，收拾人心，故夷狄與華夏離心離德，戰爲利來，敗無愧色，旋叛旋服，叛服無常，成爲數千年邊患。「海水有門分上下，江山無地限華夷」，這是明清易代之際，詩人陳恭尹發出的悲嘆。而能爲史前時期之西北這種推論做實证的，歷史上有多個朝代，比如北魏。作者不僅因此對經營當時西北邊務者爬梳匯集了翔實的史料，以鑒資當時的西北政治，更爲實際開發西北，提出了許多具體的設想，寫出了將來之展望、將來工作之途徑。作者還批評了當時打着開發西北旗號的各路「淘金者」。東北地方沿革及其民族的作者抱有同樣的志氣，梳理東北邊疆的沿革，並將其地域所有民族的風俗歷史，概括歸納。作者深感我國東北廣大土地，歷經沙俄、日本等的侵擾，並分析其原因，言簡意賅，脈絡十分清晰透徹，目的是使當時的政府，能振作起來，重視東北、保護東北，發展東北。近代名家散佚學術著作叢刊·民族風俗卷的作者，無論是大學教授、學者、地方官員、新聞記者還是中學校長，其字裏行間所洋溢的，都是自古以來，中華文化所孕育出來的賢士大夫胸懷家國天下的情懷。非有此等士大夫擔當情懷，不能有此胸襟眼界，無此胸襟眼界，不能有此考察風俗、發現歷史、希望能有助於國家救亡與復興的學問著述即千古文章。此二也。

余固非風俗專家，不能道盡其旨。作爲一個普通讀者，讀這些著作，對前人行文之美，愛賞不已。學者之文，凡舊學修養深厚者，其辭必然雋永可喜。愚以爲近代名家散佚學術著作叢刊·民族風俗卷的寫作，已經將漢語的文白相融，做到盡善盡美的高度了，它保存了文言文的矜持與自尊，詞約而義豐，又吸收了白話的通俗流暢，却因爲文言精神的提攜，使其氣不墜，白話不顯得囉嗦輕浮、枯燥乏味，反而有了直抒胸臆的痛快淋漓。正因爲這樣，這套叢書，不僅作爲學術專著，供後來學人作學術資料考索徵引，其實應該同時當作一般讀者的閱讀書目，必然會受到許多人的喜歡，「道不遠人」。此三也。

余貿然接受邀請主編此輯叢書，旋即愧悔，勉力爲之，不勝惶恐之至。謹以保存國故的心態，虔誠面對前人著作，對之如聆教誨。能將此叢書奉獻給今日讀者，則欣喜之情，陡然洋溢周身，覆蓋了一切。

風俗之於天下，可謂至關重要，移風易俗，正風俗以正人心，前人保存國粹者，無不以此相許。而今日之人，多迷信强權、崇拜金錢，對此多有忽略。今日學術界淺薄勢利，若不碰觸某一還活在人們生活中的風俗，則該風俗猶能讓人感受到古老文化的現實體温，反之一碰觸，則多粗暴否定與畸形改造，無异於毁滅良俗。「風俗掃地傷王化，誰正人倫大雅！」（元·吴弘道《醉高歌·嘆世》）

惟願此人文風俗叢書，能讓人重新認識風俗的重要，視風俗之考察，爲政治必要之端。

後學　許石林

二〇一四年九月二十一日於深圳

作者簡介

張西曼（一八九五年—一九四九年），又名百禄，湖南長沙人。中國早期馬克思主義的傳播者，民主與科學雜志社社長兼總編，九三學社創始人之一。曾任國民政府政治顧問、孫中山奉安專刊編輯部主任、國民政府立法委員、蒙藏委員、中國邊疆學術研究會理事長。

目錄 CONTENTS

序 PREFACE 1

大月氏人種及西竄年代考 Research on (Ta-) Yue-chi—TAJIKS--and the time of their migration to the West..............1

中亞纏回為沙陀苗裔考 Research on Sarts (SATO tribe of Tang Dynasty)...19

烏孫即哈薩(克)考 Research on Usuns (KHAZAKS) 33

附錄 APPENDIX

新疆民族表 ETHNOLOGICAL TABLE of SINKIANG PROVINCE.

下列諸書 準備出版

1,張西曼政治論文集
2,無媿室詩集
3,柳亞子 張西曼 合編「革命詩選」
4,中國革命外紀
5,張西曼自傳
6,無媿室讀書札記
7,張西曼小說集

謹以此書紀念在敵陷長沙故鄉時先後盡節殉國的

八旬老母陳太夫人，

家兄仲鈞先烈和病弟百昌少校，并祝願

國共以及民主黨派的開誠合作，早日實現

國父孫公『和平、奮鬥、救中國！』的最後遺訓。

西域史族新考序

古代中國對周邊各民族建立外交關係是從漢初開始的。最顯著的，是漢武帝要想孤立削弱慓悍無信的匈奴，於是兩次派遣張騫深入西方，企圖以政治聯昏手段來拉攏匈奴的兩大世仇——伊蘭族主角大月（肉）氏與突厥族主角烏孫（阿薩）——建立防制共同敵人南下的軍事同盟。隨後更派遣大軍進屯西域，造成東西文化直接交流的功用。終因中國本身政象不能長期保持清明，所以漢代以後經常光耀一時的邊功，恰同風雷的震撼力一般，忽起忽滅。加之，中國方塊文字的繁難以及宗敎哲學的貧乏，除物質文化（絲、茶、磁等）大受異族的歡迎外，這類主要精神文化方面對於他們幾不能發生任何良好影響。這一點，比起摩尼敎、景敎、佛敎、尤其是阿拉伯字母（現在中亞各共和國和土耳其均改用拉丁化字母）和伊斯蘭敎的實際影響要遜色多多。更因漢晉隸楷字形以及古今音讀的劇烈衍變，連二千年前就已發生關係的大月氏與烏孫兩族名稱的本來面目也都失却，反而變成了世界歷史人種學上難於解答的疑謎，造成學術上的重大損失。著者自清季獻身革命政治，同時受到　國父孫公『民族平等』理想的感召，歷年在東北、蒙古、西北考察之後，就注意到解決這個中外學者反覆爭辯的難題，自信大有心得。觸類引申，居然對於淹沒千年的突厥伊蘭混血種『沙陀』的來龍去脈也連帶得到堅強有力的論證。久想印成專集，對歷史上占有重要地位的西北三大民族方面貢獻一個正確完整的概念。祇因十餘年來遭受慘烈無比的內憂外患，展轉流徙，所有珍貴圖書財產喪失殆盡，原擬「邊疆文化館」以及編印「鑿空學報」，專刊等計畫均遇到嚴重的打擊。而且同樣痛心的，是治學環境和物質基礎從此遠不如人。到今天來檢閱我的革命救國大願，而僅收穫一些加强民族認識和其他微薄成績，實在問心有愧！

自此三文陸續發表，先後得蔡元培博士，吳稚暉先生，于右任先生，家兄仲鈞先烈，劉復教授，經濟學者胡石靑和許多學術界同人的熱情鼓勵，譽爲歷史民族學上的創見，我特別要對他們深致衷心的感謝！

今當本集出版之始，我不得已要盡一個忠告：就是研究歷史民族問題的學術態度要忠實，要嚴格；至於如何團結多數民族爲整個民主建國的共同目的而努力，那是實行偉大革命三民主義的國策範圍，絕對不要再襪襲「黃帝子孫」，「夏后氏苗裔」一類用意甚苦而不切實際的套語來企圖維持現狀，結果祇有多方暴露政治本身一時的弱點而已。我國歷史有過不少的痛苦敎訓：如果中樞政治付託非人，一切現象走向黑暗，就是同一民族中間，也要發生分崩離析甚至滅亡的。究竟如何才能增進文化古國多民族間的向心力，那實行有效的蘇聯民族政策，絕無疑義地，可以作我們中國大政治家的優良借鏡……

一九四七年六月張西曼序於民主與科學雜誌社（南京一三八信箱，電掛二五八一）

第一篇　大月氏人種及西竄年代考

一　導言

中國自有史以來，每當政失正軌，國防廢弛，卽備受北方游牧民族慘苦劇烈之侵略。戰國時(公元前第四第三世紀間)瀕臨北方之燕、趙、秦諸國各築長城以爲防制游牧民族南犯之邊備。秦政當國之二十六年(公元前221)襲滅最後之齊，造成中國歷史上空前統一之局。其時當匈奴頭曼單于 Jenuye Deuman 在位，整軍經武，逼處朔方，實予秦代國都背面一種嚴重威脅。名將蒙恬受命，統率三十萬大軍北伐，收賀蘭山東及陰山南之河套 Ordos (今綏遠境)沃野實行軍屯，幷因地制險，就固有長城形勢，增築長城亭障，起臨洮，迄遼東，塹山堙谷，首尾貫通七八千里。其宏大之規模基礎，雖因時代略有變遷，而二千餘年來無慮數千萬人民血、淚、尸、骨所凝成之民族生命綫，永遺後世以絕大悲壯之印象。是時內絕水、旱、蟲、疫之菑，外無蠻族內侵之患，祗以胡亥嗣立(公元前209—207)，人頭畜鳴(太史公語)，極情縱欲；豺狠塞道，激起反抗，不及四年，殺身絕祀。冒頓 Baghdur (史記匈奴傳集解有徐廣註曰，立於秦二世元年，公元前20

9)乘之盡奪河南之地，以窺中原。漢代秦運(民國紀元前2117，公元前206)，內爭疊起。匈奴每乘之大舉南侵，殺略極多。自漢高帝九年(公元前198)至景帝六年(公元前144)之五十六年間，五度屈辱和親，施賈誼(公元前200—168)所謂五餌之術，曾不足係單于之懽心，限胡馬之南牧。武帝卽位之第三年(公元前138)亟欲紓北方之鉅患，雪屢朝之奇辱，乃使張騫通使道，冀與大肉氏(大月氏，錯作月氏、肉氏、月氏等)構成聯合戰綫以滅共同之讎敵，——此大肉氏一民族在中國歷史上發生政治關係之始因也。

大肉氏爲古代自西徂東之游牧民族(但一部份學者誤以爲東方西部之民族)，其中一部之先鋒隊，且曾最先達到現今我國甘肅境內黃河以西肅州、甘州、涼州之地。惟以中國古代文書繁重，記載多疎，對於大肉氏民族西竄前之史實，因未與中國發生任何直接或間接交涉之故，僅得之於中國匈奴間往來使節、降人、邊民或商業資本之從事關市者之傳述，蓋亦徵寡矣。加以當時大肉氏人尙停滯於游牧經濟之階段，其短期淹留河西之文化殘存痕蹟，當久已蕩滅無餘，不足提供後世之考據。今日所得窺其厓略者，亦惟史記、漢書等可憑。此等史籍，或成於武帝開邊之同時(如史記)，或去古未遠，見聞所及，可徵信之處特多，不過當引證論斷之際，必須加以縝密之比較與嚴格之取舍耳。二百年來東西洋史、地、人種及語言諸科之權威學者對於二千餘年前之大肉氏人種、河西故地、國王被殺與其西竄年代等重要問題，久已引起熱烈之硏究與辯論。此等世界文化上之偉大貢獻，誠使吾人非常感幸與自奮者也。

二　大肉氏究屬何種民族

中國古史家以漢族文化獨高之主觀見地，籠統稱大肉氏爲「胡」爲「戎」，如後漢書西羌傳有「湟中(大)月氏胡」及唐書地理志河西道之姑藏敦煌二條所稱「(大)月氏戎」之分類是。魏書西域傳則以爲嚈噠 Ephthalites 之種類。淸何秋濤斷定逸周書王會篇所記之「禺氏」卽爲(大)月氏之對音。桑原騭藏敎授 Prof. Kuwahara在所著「張騫西征考」中且予以相當之同意。復檢梁啓超所加漢譯威爾斯 H. Wells世界史綱二十三章六節之案語，僅承認(大)月氏本我國甘肅境內之一小蠻族而已。近代一般中國史家與波斯史家及歐洲學者(參看派克氏E. Parker 韃靼千年史之匈奴篇第三章)間似有一致之考證，以爲今日之阿富汗，卽五世紀之嚈噠，而後者仍爲(大)月氏。此實與魏書西域傳有雷同之見解。查嚈噠朝獻中國之始，爲後魏太安二年(456)；五世紀以後之三百年間固嘗予印度波斯諸國以重大打擊，幷以白匈奴 White huns 一名震撼於時而被列爲突厥族者也。

至於歐洲學者對於大月氏人種問題之試求解答者，最早有德經 De Guignes ：彼於十八世紀中葉原認爲韃靼族，但以後在所著「匈奴全史」中改認(大)月氏爲日爾曼族之克特人 Kelt or Celt 或哥特人 Goth 。馬夸特 J. Marquart 贊同金斯密爾 Kingsmill 之創見，亦主張古希臘地理學者司特拉伯 Strabo(63BC——21AD)所記侵入巴克特利亞 Bactria 國之蠻族名 Tochari 者即爲中國古史「大夏」(人)之對音，是殊適合於新唐書西域傳下所志「大夏即吐火羅」之意。至彼等所主另一蠻族 Pasiani(但以爲係 Gasiani 之誤)即爲(大)月氏之說，幷有佛蘭克 O Franke 爲其同調焉。拉遜 Chr. Lassen主張(大)月氏爲突厥之一族，但與吐火羅人同在大夏地方混合爲同一之民族。李作芬F. Richthofen 則以爲(大)月氏與吐火羅同爲西藏族。赫爾滋 E. Hirth 及汪貝利 Vambery則認大月氏純爲突厥族，克拉卜洛特 J. Klaproth 就中國字形訛錯之讀音上，證明(大)月氏，(大)月支 Yue-tchi 以及(大)月氏 Yue-ti(此根據中史認爲西藏族之誤)之末字皆含有「T」之發音，因斷定爲印度 Jat 之音譯。威爾斯 H. Wells 則以爲(大)月氏被同種之匈奴驅逐而征服大夏後，同化當地雅利安人以漸形成塞種 Indo-Scythians，其繁衍於土爾其斯坦草原之(大)月氏一支則成爲嚈噠。更有理想希臘大史家希洛多特 Herodotus(484？BC—425？BC)所記游牧於裏海濱之塞種名 Massagetaes 者即五百年後嬀水(伊蘭語 Vaksa 之對音，今之阿母河 Amu daria ）傍之(大)月氏人。意以爲 massa 訓大、訓多，getaes 則爲月氏之音譯。

日本碩學白鳥庫吉博士Dr. Shiratori 原贊同一部歐州學者以西史所稱 Tukhara 爲大月氏之說，但最後受汪貝利及赫爾滋二氏之影響，改主突厥族之論斷。日本佛學者羽溪了諦 R. Ukei 以爲大月氏非同安息人 Parthians 及粟特人 Sogdaks 之爲伊蘭族，乃屬於印度日爾曼或突厥之人種。藤田豐八教授 Prof. Fujita 於研究(大)月氏故地及其西移年代時，亦採突厥族之說。

綜上所概述，足見世界學者用功之勤。自十八世紀以至今日，意見猶極分歧，其中主突厥族說者雖佔優勢，終以論證不足，難成定論。惟自前世紀末祺以來，英國斯泰因 A. Stein ，瑞典赫定 Sven Hedin ，德國列珂克 Le Coq，格林威迭爾 A. Grunwedel，法國伯希和P. Pelliot 諸學者在新疆一帶屢度舉行大規模之科學考察，就公元初數百年間古代居民所遺留之文書、殘簡、圖畫、服飾、骨骼、用具、建築及其他古蹟等等資料比較研究之結果，除斯泰因仍就大月氏之誤讀認爲 Indo-Scythians 外，其他均斷定此方最早之主人翁，實屬於雅利安、尤其伊蘭語系之人種。是則此方經營城郭生活及宏揚宗教文化者，仍爲公元前外來游牧而久定居於此之民族可知。德國語言學者懷司特 Feist

，謝格 Sieg 及日本羽田亨博士 Dr. T. Haneda 等均因良好之憑籍，在此撲索迷離之（大）月氏人種問題上發揮一綫曙光，然猶未得徹底之解决也。

惟是大肉氏究否屬于伊蘭族與夫爲現存某民族之前代一節，實爲今日各國學者百思不得而急欲得其正確之解答者。我根據大月氏三字之純正字形與發音，可斷定其爲今日伊蘭族 TAJIK(S)之音譯。本來根據片面音譯以求解决大月氏之人種問題，殊不免有重蹈上述諸家牽强傅會之覆轍之危險。第我今日之肯定，饒有充足之理由與論證，可以推翻以往一切揣測之論斷，而樹今後學術上之定論。其有關回紇大夏，分封翕侯（波斯語 Shah【王，大臣，總督】對音，轉爲突厥語之 Sheh.沙畹 E. Chavannes 等以肯定大月氏爲突厥族之成見關係，强認爲突厥王號 Jabgu 葉護之對音，而 E. Parker 匈奴史第三章，又混作漢初翕【縣】侯之封爵，尤誤）及以後因此族有通中梵語文而任初期宏揚佛教諸問題，自可迎刃而解。

大月氏末字「氏」之同如「支」Chi,Ch,K 已成普遍之註釋。第二字應讀作「肉」，以漢隸肉月二字形式略同而歷來彼誤寫作「月」Yue。——此節幸經一種雖非名著而內容究有可傳之「金壺字考祋祤卷之二」中所明確指示（淸乾隆二十四年貽安堂版，1759)。特是第一字之「大」（TA之對音），始終被認作一種可有可無之誇大性之形容辭，而泰半被人忽略不書。此種絕大誤解，甚至眩使藤田(豐八)教授爲之首肯不疑（見所著犂軒與大秦一文之末段），更無怪中國古代史家數有『小月氏』之對稱矣。

何以證明所謂月氏(月支)之必應作『大肉氏』TAJOUCHI，是須就漢初國際狀況上略爲合理之推論。當時中國北方之蠻族，邊界最廣、勢力最强因而爲害最烈者，厥唯匈奴。其原有東鄰之東胡及西鄰之大月氏，尙未與中國發生直接之接觸，但均恃其部落種姓之繁盛，饒多控弦跨馬之悍卒，故敢强輕匈奴，常與爭鋒於游牧之領域。卽以局部匈奴單于陵轢漢室之非常驕橫態度而論，除自稱或被稱『大單于』the greate jenuye外，向未對其匈奴國度上加冠某種誇大性之字句，有如近代國際條約上所相互標榜者。匈奴在征服四周不庭之諸國後，已蔚爲東亞北方唯一之强國，在中國古史上且未嘗自稱或被稱爲『大匈奴』，則以當時國際力量上强弱已形之比較關係，尤其在張騫西使企圖聯合戰敗遠竄之大月氏之時，大月氏更無妄自稱『大』之理。於此可見大月氏之大，完全與同時之『大宛』及『大夏』之大同爲音譯，絕非大小之大也明甚。大月氏在史記大宛傳中保有完整之標題，祇以司馬遷見聞難周，記載時有闕漏。我輩試爲檢閱史記匈奴及大宛二列傳中所指關於大月氏之名稱凡三十五見，其中闕漏完全之音譯（祗書爲月氏）者乃至二十五次之多。匈奴傳所載數共十一，全部闕漏『大』之對音，或猶可說。其見於大宛傳者共二十有四，無闕漏者僅有十數。何以同一篇史傳記載同一人種名稱猶不能畫一：時而書作月氏，時而書作大月氏。卽在太史公，似亦不得其解，用特幷存之以備一格，留供後人之考證也歟。是此種非常之疎忽，固可以一時史料供給失實爲之曲諒，惟更加後人對於原有字形及發音上發生誤會，終以「月氏」二字輾轉傳訛，遂至大月氏 TAJIK, TADJIK 民族二千年來在東西歷史舞臺上之偉大活動幾全失其本來面目矣。

茲既闡明古代大月氏民族爲 TAJIKS 之對音，則吾國人對於現今大月氏之人種見解，自亦有連帶注意之價值。大月氏人卽「新疆圖志」建置四蒲犂 Tash-kurghan （塔什霍爾干 or Sarikol 色勒庫爾，塞爾克勒）條所志之塔吉克(俄譯 Tadjiks)，誤註爲突騎施 Turgach 之對音，卽突厥九姓之一也。馬福祥於所著蒙藏狀況中（1931）亦誤承之。名譯家馮承鈞更承新元史西域傳之誤，於所輯西域地名一書中，將古伊蘭族之大肉氏混作唐書西戎傳所專指閃米特族之阿拉伯人而言之「大食」。我意以爲此大食名稱之由來，當爲波斯文 DASH（沙漠）字音所轉譯，而非 TAZI。蓋阿拉伯向以沙漠國家著稱於世，且爲641—652年間不斷剽掠及最後吞滅當時已臻文明繁富之波斯之游牧民族。唐書稱高宗永徽二年(卽大食滅波斯之前一年，651)八月噉密莫末膩 Emir al Munin 始遣使朝獻。其大食國名乃至多數有關阿拉伯政敎等之字句均先由波斯胡商所譯介，或亦同如古代羅馬、希臘、西域小國、西南夷各族以及八世紀後大食因與中國陸路通商結果所稱中國爲「絲國」Serica 之故歟。

再則大肉氏或塔吉克人已爲構成今日大中華民族之一員，然除一般大譚新疆問題之新著誤承大清一統志、新疆圖志等官書略加齒及外，且不載於張其昀教授「中國民族志」及凌純聲教授所擬「西北民族研究計畫芻議」等史、地、人種等科學專著。惟凌教授隨於「新疆民族問題及國際關係」一文中補救前失，加以簡明之介紹，亦吾國掙扎生存之學術界放大眼光之佳象也。

蒲犂

在漢代首爲蒲犂國境，扼帕米爾（葱嶺）東麓之巖邑，亦以西崑色勒庫爾山得名，自古卽屬西域南部交通要道之一。凡由疏勒(Kashgar)，于闐(Khotan)往來波斯、阿富汗、印度諸地，大都經行其地。并以緊接伊蘭高原之故，最早卽有大肉氏人孳息其間。該地現有人口約二萬餘，除布魯特（Buruts, 西蒙古人稱吉爾吉思，【Kara-】Kirghiz 之謂）外，大肉氏約佔一萬五千至二萬人之數。此族共有二三百萬人之譜。其服屬蘇俄者，據一九二六年統計，有九十七萬八千五百人（大肉氏蘇維埃共和國內七十三萬六千人，月卽別蘇維埃共和國內二十三萬一千人）。阿富汗國境亦有百至二百萬之塔吉克。信仰爲伊斯蘭教之蘇納

(Sunah，除可蘭經外并信穆哈墨德之傳說)宗。語言與波斯語相近；因宗教關係曾採用阿拉伯字母，但蘇聯境者已代以拉丁化矣。山居者務畜牧，在溪谷之地者從事農業、工業、手工業亦頗盛行……（關於蘇聯方面大肉氏人生活另文介紹）

三　大肉氏與烏孫之河西故地

以往中國學者對此似無若何討論。至於歐洲及日本學者頗多對證中國史書、括地志等及精密的實測地圖加以發揮。我以爲秦漢間國都之北與西之廣大草原地帶，僅爲匈奴（前此歐洲學者如 Parker 等認爲突厥族，但白鳥博士根據語言分析，撰『蒙古民族之起源』一文，排斥以前論斷），突厥族之烏孫及伊蘭族之大月氏各大民族所割據。各族部落繁多，恆千數百帳，自有君長及其分地，不相服屬。然草原水道間利害各殊，莫能共濟，衝突兼併之象時有發生。有一最强者雄峙其間，卽足形成一方多數部落國家之共主。如冒頓單于以後，匈奴奄有東臨鄂霍次克海 Okhotsk Sea 西逾阿爾泰山 M. Altai 之大版圖。

最早當殷周之際，此溝通古代東西文化之大肉氏民族已由貧瘠之伊蘭高原北部循葱嶺 Pamir 東進至於塔里木 Tarim 盆地，度其和平之游牧生活。中國大史家司馬遷已記其勢力一時曾深入河西。自敦煌以東黃河以西之長廊形地帶，南承阿爾騰山 Altyntages 脈東走爲祁連山或南山山脈以隔絕氐羌，北以北山及合黎山山脈、間以沙磧草原與匈奴爲界，即中史所大書特書之匈奴右臂也。其間水流繁衍，咸導源於祁連，加以土壤肥沃，可牧可耕。漢武帝百謀斷之，不但以國防著眼破壞匈奴與羌人間之聯合，積極擴張西北之移民與軍屯，而且多方開闢西域之交通，以求中國特產絲繒市場於國際，不過當時之貿易實權多操縱於安息人 Parthians 之手耳。大肉氏人大約最初達到今日敦煌黨河R. Dan 及安西疏勒河 R. Bulungir 流域時，即與原有由中部西比利亞列那河 R.Lena 流域南下游牧之突厥族之烏孫發生生存之競爭，而以優越之武力驅之入天山東路苦魯克河 R.Kuruk 流域（現哈密 Hami 境）及蒲類海（胡名婆悉海，Barcul nor）一帶。此即公元前一七六年烏孫被匈奴征服後復被迫西徙綏來 Manas 及烏蘇 Kur-kara-usu（西域圖考謂爲唐代之葉河守捉）前之根據地也。第何以烏孫不經羅布泊 Lob nor走南疆一帶水草繁腴、氣候較暖之地，當已知早有多數半定居半游牧之大肉氏同族如樓蘭（Kroraina, 赫定及斯泰因先後發見者）國之類經營此間。

惟是烏孫王難兜靡被殺於匈奴抑或大肉氏一節，史記漢書各有矛盾之記載，茲分別節錄以較其異同。據史記大宛傳『條支』條載：

「(烏孫)昆莫之父(難兜靡)匈奴西邊小國也。匈奴攻殺其父，而昆莫生棄於野，烏嗛肉蜚於上，狼往乳之。匈奴怪以爲神而收長之。及壯，使將兵，數有功。單于復以其父之民予昆莫，令長守於西城……」

再據漢書卷六十一張騫傳所記：

「……大肉氏攻殺難兜靡，奪其地，人民亡走匈奴。子昆莫新生……匈奴單于愛養之，及壯，以其民衆與昆莫，使將兵，數有功……」

關於昆莫父被殺一節，我意無甯根據史記爲當。誠以班固(建武8—永元4，即公元32—92，享年六十一)親撰之漢書後於史記(全部約成於天漢二年，公元前99)將二百年之久，距已往河西異族勢力之消長尤復更遠。如爲補充前說，自足徵信，惟記述太過立異之處，實難貿然贊同。同時應加注意者：難兜靡果被殺於大肉氏，是必爲右賢王破大肉氏之前及烏孫被逐於大肉氏時之事。而昆莫復爲單于撫育成人以至予民守土，又數將兵有功，是已成爲單于恩主之股肱心腹，至少已構成匈奴附庸之一員(但據上引史記言，守城猶未復國也)。然則匈奴夷滅大肉氏後幷連累烏孫之前說(文帝四年匈奴遺漢書)勢將不可靠矣。自來一種史蹟或傳說，經多人之述敍已甚相遠，而況時地阻遠，圖形異類，出入尤多。此我對於漢書張騫傳所記之致疑，尤就昆莫年齡上之研究，認爲決不足信，理由待下節補述之。抑尤有進者，突厥語至今稱哈密爲庫莫爾Qomul or Kumul，當係『昆莫』一名之轉。使此假定可以證實，則單于所令昆莫守西城之地點，即此可得而碻定之矣。

史記明言昆莫父時之烏孫，爲匈奴西邊之小國。此西邊二字，早之可推到『本與大月氏俱在祈連敦煌間』（漢書西域傳）游牧之時，晚之可運用於烏孫被大月氏強敵由此遂徙伊吾廬一帶之際。上述二時期之烏孫領域，碻均在匈奴之西，第我仍以後說爲適合史蹟也。

我擁護史記『昆莫父被殺于匈奴』之說，惟斷定卽在右賢王大舉西征之時（文帝四年，冒頓三十四年，公元前176）。由此可碻定昆莫出生之年，推算至元封六年（公元前105）漢與烏孫聯昏時，昆莫已七十有一歲，正與漢書西域傳所記：昆莫年老，欲使其已長成之嫡孫續尙公主之點適合。藤田敎授亦同樣斷定昆莫之生年，惜對難兜靡之殺害者，仍誤於漢書之臆說，實不可通也。

四　大肉氏王究被誰殺與其西竄年代。

兩强不並立，尤其在生命綫之爭奪及互爭雄長之時，此在歷史過程中不少[illegible]族犧牲之代價。冒頓朝匈奴之强盛更無論矣。河西獨霸後之大肉氏，勢力日漸擴張，已招匈奴之忌嫉，不過其中缺少一種强有力的領導組織，終不能自保，然絕非如梁啓超所輕視之一小蠻族也彰彰明甚。使梁說果當，則在其遠竄伊犂流域以後，尤決不足使漢武君臣起聯盟禦敵之奢望。大肉氏王戰敗被殺，匈奴取其頭爲飲器，其王庭及殘部自河西潰退，明知讎家烏孫橫阨天山東路，當然避鋒取敦煌，陽關及白龍堆沙漠 Des.Kum-tag 與阿爾騰北麓之綫，繞沙海 Takla-magan（大戈壁）東端之羅布泊（蒲昌海，Kara-kosh-un-kul），葉爾羌河 Yarkend-daria 及克瑪恰司堆湖 Kema-chashti -kul 北走，經多拉爾 Dural，庫爾勒 Kurlia，烏耆 Karashar，（敦煌宋寫本『西天路竟』所志：高昌 Karakhoja 及龜茲 Kucha 國之間爲(大)月氏國，卽指此地。），託克遜 Toksun 等處，越天山達坂城 Dawanchin 以西竄。定驚魂於伊犂流域，休養生息，當爲時甚暫，復被烏孫匈奴聯軍擊破而南下，此大約當張騫遠使大肉氏而中道被扣於匈奴之初期事也（約當建元4—6年或公元前137—135之際）。匈奴跟蹤追擊，克服多數爲大月氏同種之部落國家，卽由託克遜、吐魯番 Turfan 、闢展 Pichan 等地東返，擊殺稱兵抗拒之烏孫王。上述之推測，或亦不違於曖昧之史實也。至於大肉氏贏弱小衆及其他部落或納貢稱降，或退保南山羌，魏書西域傳且有「敦煌西域之南山中，自婼羌 Charklik 至葱嶺數千里有(大)月氏餘種」之記載。是大肉氏移民之久遠與繁殖之速遍，彌可想見。以故冒頓父子自始卽不甘視其坐大以養成西方鉅患，急欲以故入河南地之聲東擊西策略以襲滅之而後快也（文帝4，公元前176）。

特是大肉氏王被殺於老上單于一事，史記漢書之所記載，中外學者之引述，衆口一辭，已成定論。我久疑之，曾綜合史記漢書所記老上一代十三年之大事列表明之，終未發見西征之大舉。

公元前	文帝	老上	
174	6	1	冒頓當國之第三十六年死，子(右賢王)稽粥繼立，(改名老上單于)。文帝使宦者中行說傳公主和親。中行說降匈奴，日夜教單于候利害處。
169	11	5	匈奴寇狄道。鼂錯言募民徙塞下。
166	14	8	匈奴十四萬騎入朝那及蕭關，殺北地都尉卬，虜人民畜產甚多。遂至彭陽，使奇兵入燒回中宮。候騎至雍甘宮。文帝遣張相如等擊之。老上留塞內月餘乃去。漢逐出塞卽還，不能有所殺。匈奴日已驕。

162	（後）2	12	匈奴連歲入邊，殺略人民畜產甚多；雲中遼東最甚，郡萬餘人。文帝患之，乃使使遺匈奴書。匈奴亦使當戶還報。漢復與匈奴和親。
161	（後）3	13	老上單于死。子軍臣單于立。

依據上表所證，則知中年繼位之老上享國日淺，雖經文帝兩度以子女玉帛卑辭乞和，實未能減殺匈奴倨傲之態與夫連歲乘虛南侵之野心。史記漢書所記，特其犖犖大者耳。況單于庭一方有中行說爲之主謀，後宮有公主及其媵侍，他方有漢室慰問，賂遺或匈奴報聘之文書、使節、以及往來互市之商賈等等，交涉繁密，消息四通，甯有中國對於西北近鄰間勞師遠征及殺王滅國之絕大事變而不正式著於史筆者乎。以理度之，今日之老上單于，卽當年親提數十萬雄師鐵騎掃滅西域三十國之冒頓第二世子受爵右賢王者也。匈奴俗雖尚左，而右賢王之得位，或因兄（匈奴太子，左賢王或東屠耆 left dugi）死姪少（太子無子，弟更爲合法繼承人），或以武功得衆。前者更有日後季父右賢王呴犂湖 Kuligu 繼位（漢武帝太初三年，公元前 *102*）及狐鹿姑 Hulughu 單于立弟爲左賢王（漢武帝太始元年，公元前96）一類之變例也。

我國古史家明記老上單于朝，除不斷入寇中國外，絕未與他族，尤其大月氏發生重大衝突。可見老上在踐位前，已翦滅遍處西方之强鄰，收河西爲休屠(駐涼州)渾邪(駐肅州)兩王之統監地。

我旣解釋史記漢書之偶然錯誤，確切證明老上單于卽前之右賢王，則大月氏國王之被殺於先後一人與其部落西竄之年代，二者均連帶得一强有力的解決矣(卽公元前176，文帝四年，冒頓三十四年)。

爲明瞭歐洲及日本學者對於大月氏之局部西遷問題之不同見解起見，特根據桑原敎授「張騫西征考」所整理及其他材料作成下列之比證：

主公元前？年之說者

1. 176 BC. 漢文帝四年—Lacouperie拉庫配利，St. Konov柯諾夫
2. 174—161 BC 漢文帝六年至(後)三年—桑原騭藏，藤田豐八
3. 174—158 BC. 漢文帝六年至(後)六年—白鳥庫吉
4. 170 BC. 漢文帝十年—Franke佛蘭克
5. 168 BC. 漢文帝十二年—Dorin多林
6. 167–161 BC. 漢文帝十三至(後)三年—Gutschmid古特司密德
7. 165 BC. 漢文帝十五年—Klaproth克拉卜洛特，E. Chavannes沙畹，Specht 司配特，Levi 烈維，Smith史密斯

8. 163 BC. 漢文帝(後)元年—Lassen 拉遜(但後改主165 BC.)
9. 162 BC. 漢文帝(後)二年—De Guignes 德經，Tomaschek 託瑪設
10 157 BC. 漢文帝(後)七年—Richthofen 李作芬
11 150 BC. 漢景帝七年—Stein 斯泰因

關於大肉氏西竄年代，依上表所述，已有十一說之多，而泰半又就老上當權時代(公元前174—161)設想，此固受影響於史記漢書一言之誤也。其中且以主公元前165年說之學者爲最有力，是皆以爲漢文帝十四年冬老上單于曾統十四萬騎入寇朝那及蕭關，翌年當轉旆西征，大破大月氏，殺其王而逐其王庭於肘腋……此種推論雖似合理，其奈老上在位時無西征事蹟何！所以予說不謀而與第一說胳合，而且論證更爲强碻，可策最後之勝利也。

補註1. 本文於一九三五年六月分別由南京中央日報、北平晨報、河南民國日報、蒙藏日報、開發西北月刊等展轉登載。

2. 關於蘇聯十六加盟共和國之一的『大肉氏共和國憲法』譯文載法學雜志(重慶版)四卷二期。

第二篇　中亞纏回為沙陀苗裔考

一　歷史的回顧

史稱英主的唐玄宗因奪姦了李瑁的侍妾楊玉環，寵用了楊國忠，李林甫一類的大姦巨惡，政治敗壞，民不堪命，造成了營州（今熱河一帶）雜族安祿山，史思明的重大變亂。迨到他兒子肅宗時代，才由郭子儀借了三千回紇（並非大食或亞拉伯）兵力（其中當然雜有少許他族份子），肅清了安史（公元762）。那時的回紇已從公元742年完全奄有突厥所居內外蒙古之地，兵馬强盛，並且信仰由新疆各族傳來的摩尼教。而大食人僅在唐玄宗開元元年（公元713）開始侵入中央亞細亞的布哈拉，撒馬爾干等地，至開元七年（公元719）始有康居Samarkand，吐火羅（即大夏）等國以被侵而乞援唐廷之舉。到了唐天寶九年（公元750）中國西征大將高仙芝因殺掠無道，大失人心，以致在怛羅斯（Talas）一役慘敗於大食和土著的聯軍。嗣後葱嶺（帕米爾）以西諸國的佛教，摩尼教的勢力，才逐漸為伊斯蘭教徒的武力所排斥，但是葱嶺以東（今新疆一帶）還沒有受到這種武力的破壞影響。

唐文宗開成五年（公元840）回紇因內亂叠起，被黠戛斯所破，部屬西奔，散居於新疆東南塔里木河流域，更加重了當地的伊蘭族的大肉氏（誤作月氏——參看民廿四郿著「大肉氏人種及西竄年代考」）的奴役。回紇所存殘部又在唐武宗會昌三年（公元843）被河東節度使劉沔所掃蕩，於是回紇在中國北部的勢力大衰。

關於回紇之追蹤突厥侵入天山南北路，而一部且逾葱嶺以西的情勢，極爲自然。（至今蘇聯境內有回紇的分區——在中國綏定縣西，——和十六聯邦之一月即別蘇維埃社會主義共和國Uzbek SSR）。但是這裏要連帶發生一個重要的疑問，就是：如果大食人勢力已經伸張到葱嶺東西，或是先在定居於天山南北路的大肉氏人及突厥人已經被迫改宗了伊斯蘭教，那麼，以後回紇大部的西奔，就不免要發生「各不相容」的宗教鬥爭的慘史了。然而事實上絕對沒有發生過任何宗教性的戰爭，足證伊斯蘭教在葱嶺以東以至中國南部（廣州，泉州等地）用武力或有組織計畫的傳佈，在這時以前以至宋末，都沒有切實的證據。雖則遼（公元916——1125）史尚有「阿薩蘭」（即伊斯蘭）回紇（回鶻）的記載，也祇足爲個人信仰的說明。但是從大侵略家成吉思及忽必烈所領的蒙古軍西征南侵勝利後，一部份戰敗投降的大食，波斯，突厥，回紇等族人用了「色目」人的特殊優越地位而隨軍乘機移殖及傳佈宗教，這就是伊斯蘭在中國西北特別盛行的主因。關於伊斯蘭傳入中國的考證，我當另爲文闡述，不重贅於本文（參看鄙著「回教非回族」）。

我們在唐代的後半期（約公元763——905）間發現了一個新興的「沙陀」民族。憲宗三年（公元808）東方的一個沙陀部族首領朱邪（Chue）執宜被任爲「陰山兵馬使」。後世就黃巢變亂（公元875——884之十年）的史料又編有所謂「沙陀帮兵」的劇本節目，其中所表演的主角獨眼龍李克用，更爲世俗所稱羨。到了五代（公元907——959共五十三年）的局面，由李克用之子存　建立了「後唐」，更開了沙陀人以異族入主中國的新紀元。

五代史中間的三個朝代：後唐（李存勗建，公元923—935），後晉（石敬塘建，公元936—946），後漢（劉知遠建，公元947—950），都是唐末「控弦跨馬」的沙陀軍人乘了中國內部政治的黑暗和組織的崩潰所開創的霸業。它們前後雖祇有二十七年的短短享受，但是在中國歷史上還得和以後的元，清兩朝同樣的列入正統，要比公元304—439的百三十五年間所謂『五胡十三國』的偏朝更來得出色。最令人訝異的，就是後漢亡國（公元950）以後，連『沙陀』一名也不重見於中國史籍。這個是什麼緣故呢？如果拏在中國本部境內的沙陀族掃數和漢族『同化』來解釋，當然是個正當的理由。但是發源于天山南北路的沙陀本族又消失到甚麼境地呢？

二　一個薩爾特族名的肯定及否定

歐洲人士關于中亞土爾其斯坦一帶的遊歷，考察等記載中，每每稱該地主要民族之一種爲Sart（s），這就是偶爾漢譯「薩爾特」一名的由來。試翻閱第十四版大英百科全書「Sarts」專條得有下述的解釋：

「薩爾特爲伊蘭突厥族，數約二百萬，生息于費爾干及錫爾河（Syr Daria）地方……」

至於1930年前後出版之蘇聯小百科全書對於這個名稱所解釋，就比較詳備，現譯錄其全文如次：

「薩爾特，爲中亞游牧民族以及俄羅斯人對於土耳其斯坦東南部定居土著所加的名稱。薩爾特一字策源於印度（Sartha注意!）；數世紀之間，施之於各種民族，階層及人民團體，其意義已多有變更。十一世紀突厥人用以稱「商賈」，十二世紀以稱全體伊蘭民族，十五世紀以稱波斯人，十六世紀以稱土耳其斯坦被征服的土著而不論其來源；但蒙古人在十三世紀中用以稱採用坎井制的農民，十五世紀以稱塔吉克（卽大肉氏，——註見前章）等。一部份俄國人種學者認爲薩爾特爲一種有別於烏孜伯克（月卽別Uzbeks,

參看鄙著「新疆十四族(?)來源的檢討」及本文第四章）及塔吉克之族。另一部份以爲薩爾特爲喪失種族及部落區分之定居突厥。今日已證明中亞定居人民本身已認薩爾特的名稱爲侮辱而加以否定，以致這個名稱完全消滅了。」

上述足以代表全世界歷史，人種學者集中見解的二書專條的解釋，頗不一致，因前者論據發揮未盡，而後者客觀結論更加以否定。現將薩爾特民族血統，語言的特徵綜合摘述如下；

1. 爲伊蘭突厥二族的混合種；

2. 具有高加索，具體說來，印度阿利安人種體型而語言屬於突厥語系之回紇支。

根據以上的分析，就知道這薩爾特一名是中國俗稱的纏回，而纏回又自命爲回紇（回鶻，畏吾兒，畏兀兒，輝和兒，及新近的維吾爾等的對譯）。現抄述蘇聯小百科全書此字專條所載：

「回紇爲突厥系的一族，曾在公元初數世紀中游牧於中央亞細亞，八世紀中期據有蒙古而建立過延至九世紀中期（張註：公元840）被黠戛斯所毀滅的强國。回紇爲有文化的國民，曾創造固有字母表。在中國西部（張註：指新疆以及甘、青、甯一帶）的突厥——科什合兒人（科什合兒的烏孜伯克，張註：卽指疏勒人），塔蘭其人Taranchis（張

註：移居伊犂一帶者）及東干人 Dungans（張註：參看「新疆十四族(?)來源的檢討」一文）均自認爲回紇的苗裔……」

再就原書考查烏孜伯克專條又得下列的解釋：

「烏孜伯克，突厥的一族，居於蘇聯中亞細亞，阿富汗及中國西部；人口總數未能確定，但不下於六百五十萬人。在烏孜伯克蘇維埃社會主義共和國Uzbek Soviet Socialist Repub lik 境內約有三百廿一萬人，在哈薩蘇維埃社會主義共和國 Kazakh S.S.R.（張註：此族和中國漢代的烏孫有關），黠戛斯蘇維埃社會主義共和國Kirghis S.S.R. 及俄羅斯蘇維埃聯邦社會主義共和國 R.S.F.S.R. 境內超過三十二萬四千人，在塔吉克（註見上）蘇維埃社會主義共和國 Tadjik S.S.R. 境內有二十五萬五千五百人，在突厥蠻（又譯土爾克曼）蘇維埃社會主義共和國 Turkmen S.S.R. 境內有十萬零五千人；城居者佔百分之十八點七。語言屬烏孜伯克系（張註：就是回紇蒙古系），其中方言區別甚多……在俄國大革命前的文獻中，經常誤稱烏孜伯克爲薩爾特。而居於蘇聯境內的科什合兒的烏孜伯克（疏勒人）均自列於回紇之羣。」

以上所引資料中的人口數字，因調查在十年以前，已嫌陳舊。但是本文所視爲重要者在人種學上的解釋，至今尙無修正意見，自然可以選擇其正確的根據，而加以論斷。

我們暫且不必顧及蘇聯學者對於薩爾特一名的如何否定，根據我的忠實研究心得，滿可以肯定——

「薩爾特 Sarts 就是千年前中國唐書所介紹的沙陀！」

三　薩爾特為古沙陀苗裔的有力證據

我為甚麼斷定今日的薩爾特就是古代沙陀的苗裔呢？

首先，可看八九世紀印度發源的 Sartha（商賈）一字，衍變到公元1218—1222年間成吉思汗率領哲別 Täbä 及速不台 Subotai 二將略取天山北路，南路和破滅沙陀人所建花剌子模 Khwarizm（唐之貨勒自彌）時曾將該地的薩爾特降人編為沙陀部（Sartagul, Sartaghul 或 Sartaul），列入漠北喀爾喀西部之某旗(待查)。這一名稱，前後經歷四百多年(到編旗時)仍能保持它的音讀不變，和中間同期的中國「沙陀」一名的對譯不差絲毫。此我說有力證據之一。

其次，我為充實個人學術研究上的忠實論證起見，在國都未淪陷以前，特將五代文獻中所有與「李克用」父子有關的數百作品遍加檢閱，居然獲得李克用被封晉王時代，約在唐昭宗天復元年（公元901）所致梁王朱全忠的一書，發現了其中極可寶貴的句子：

「……矧復陰山部落，是僕懿親；回紇師徒，屢從外舍……」

我當時如獲至寶，大喜過望，即將全文熟讀成誦，到今天雖然我那精博的書庫喪失於敵姦之手，但是本文的主要有關資料還得保存，實算不幸中的萬幸了。

上面所引李克用一書中的寶貴句子，很容易爲人忽略讀過而不求甚解，可是在本文中的地位却是萬分的重要。前面的一段，是說明由西域東移的一個(注意：並非全體)沙陀部落已經在陰山一帶繁衍起來。至今遠在熱河方面，還有關於沙陀首領李克用的遺蹟或傳說，可見當年沙陀氣勢之盛了。後面的一段，是專指「回紇」部隊的屢屢從征。當時在西北及北方爲患唐境的，除回紇勢力漸趨陵夷外，還有契丹、吐蕃、吐谷渾、奚等部落，其中尤以契丹爲甚。因回紇爲突起突滅的黠戛斯武力所破，敗走西域後，蒙古全境隨由契丹侵略家阿保機Apaki(後稱遼太祖)及其後人所佔領。第李克用致朱全忠書內，爲甚麼不說甚密，更因領土相連，常在軍事上發生互助關係。李克用和阿保機的交誼「諸部師徒」，或是「回契師徒」，而必定說「回紇師徒」呢？這個關鍵，就萬分證明了沙陀首領認識有血緣關係的回紇的親誼可靠，而且語文，情感的毫無隔閡(理由見下章)，不勞輾轉重譯的便利。此我說有力證據之二。

再次，現今青海循化縣八工地方，居有所謂「撒拉回」素來被人誤認喇嘛教改宗伊斯蘭的番民（Tanghuts，唐古特，唐兀愓，古之黨項，此族曾建立西夏國）。但是考察他們的語言、體型、風習、無一不同於新疆的纏——沙陀人。據此間居民述說，他們是明初從新疆遷來。實際他們是由成吉思汗在公元1225—1227年間侵攻西夏時從西域調來助戰勝利而後駐防此地的沙陀部隊的後裔。「撒拉」一名讀音雖稍有變動，勢必爲薩爾特卽沙陀一名的對譯，絕無疑義了。此我說有力證據之三（註）。

有此三種有力的證據，確足證明「薩爾特」Sart一名的合理，並足充分證明薩爾特就是和中國歷史發生過重大關係的「沙陀」的苗裔。

四　沙陀的來源及名稱又被否定的原因

據新唐書卷二一八所載：

「沙陀、西突厥處月（卽第一章所述沙陀首領朱邪 Chue 一姓用作部落名稱）種也……處月居金娑山（今Bogdo oula博格多山）之陽，蒲類海（今哈密北鎭西地方之巴里坤湖 Barkoul nor）之陰，有大磧名沙陀，故號「沙陀突厥」…」

實則今日博格多山之北，巴里坤湖之西，祇有古爾班通古特大沙漠的存在。當年此地是否有水草地 Oases 的羅列爲一民族遊牧生聚之所，這是將來實地考察的地質，考古等學者負了解答的責任。不過照現勢看來，大概是中國已往傳說的牽强傅會，爲耳食的歷史學者輕率摭拾成文，由沙陀譯音者的「沙」字而涉想到大磧，以求解釋取名的用意，殊不知已深陷於事極可笑但情尙可原的幼稚錯誤。

「沙陀」一名，照印度文義爲「商賈」，這是一個人種上的曲折問題，但也不難解答。我們必須知道的，就是土爾其斯坦的古代，局部是塔里木河流域，最先爲鄰近的從伊蘭高原東下（至晚在東周中期，公元前四五世紀）遊牧的伊蘭族大肉氏人所繁殖。當地先後有希臘，大肉氏同族的安息（卽後之波斯），大食等，東方的漢族，突厥族的匈奴、塞種Saka，烏孫、突厥，囘紇，黠戞斯等以及吐蕃，蒙古等民族之兵馬往來，犄角爭霸，略取生存資源或東西商業資本上國際貿易要道的控制。其人種之龐雜，實足驚人。最顯著的是突厥本族和當地土著大肉氏人的混合而構成以後的斡思蠻 Osmanlis 或斡禿蠻 Ottomans ——卽現在的土爾其人。以後再經囘紇和大肉氏土著的混合而形成「沙陀」一人。明顯言之，沙陀——薩爾特（纏囘）就是囘紇和大肉氏的混血種。以中國史書記載囘紇在歷代北方風紀的敗壞一節證之，他們以戰勝者的餘威，對於定居天山南北度其和平農牧生活而慘被新侵略者征服的大肉氏，殺降其可執兵戈的壯丁，擄掠其婦孺而使之奴役同化，這全是世界歷史上侵略異族的共同的鐵板慣例，固不足異。

根據以上的理由，可以肯定沙陀的母系主要爲大肉氏，所以保有阿爾卑體型的特點，父系主要爲回紇，所以至今保有回紇的語文（自然受有其他鄰族，尤其是大肉氏的影響）。以後沙陀强大起來，甚至使衰弱的回紇，經常而非偶然一次的，變成了沙陀主力的附庸，確如李克用致朱全忠書中所誇耀「屢從外舍」之點。

沙陀原義爲商賈的原因，大概是這個混血種形成的初期，不爲回紇主子所重視。而且大肉氏人和印度人同發源於伊蘭高原，同屬於印度伊蘭語系。沙陀人因其母系大肉氏的關係，能連帶通曉大肉氏和印度語言而往來有關各鄰族間經營商業，所以由印度人所加「沙陀」（商賈）的普通稱謂，久而久之，特別變成了突厥族回紇新支的專名。現在沙陀人的長於貿遷有無，却是由於自古世代相承的特種訓練了。

但是這個沙陀（薩爾特）名稱爲什麼又要被人來否定呢？實在的原因，就是世代綿遠，後人忘却了命名的主因和本義。再加上鄰族（如吉爾吉斯人）故意將 Sart 一音，改變爲「Sariq it」而歪曲其意義爲「黃狗」，足使受者難堪，有傷沙陀（薩爾特）的自尊心了。可是黃字的贅文，由來似已久遠。我們翻閱明史，也有「黃頭回紇」之稱，顯然是受了上述的惡影響。

然則內地人對於沙陀有纏回（纏頭回）的俗稱，却有甚麼用意呢？我可以負責說明，所用纏回字眼却沒有半點的輕蔑存心，就和黑帽回·Kara-kalpaks，白衣大食 Ommeyades，黑衣大食 Abbassides 的象徵字眼同樣來得天眞樸素的可喜。

他們又爲甚麼不願改稱烏孜伯克，而願復恢回紇（現稱維吾爾）的舊稱呢？這也有它的正大原因可以解釋。如果用歷史眼光來看，回紇（維吾爾）一名的來源甚正，甚古，並且可以由此簡單追溯到它的父系。而烏孜伯克——據布哇「帖木兒帝國」第一章所說，——是由突厥人和改宗回敎的蒙古人之滲雜構成的。前者明明指的是回紇，實際可能是沙陀，後者就是察合台和帖木兒的系統。所以烏孜伯克一名，原是蒙古西侵後所產生的軍事封建機構，含義不同（是獨立的首領而非商賈），貿然採用，當然極不相宜。

不過我在本文寫成之後有個極誠懇的科學建議，就是至少中國方面的沙陀同胞不要因小故而輕易改名，忽視了中國歷上的光榮地位，必要敬謹恢復和保持「沙陀」先代的令名！

「九一八」十週年草於中國邊疆學術研究會。

註：青海省志或循化縣志一類書籍如已出版，其中如有對於「撒拉」來源相異，但不重要的解釋時，目下因無原書參考，祗好暫闕不引。

本文主要參考資料：

1. 新舊唐書
2. 李克用致朱全忠書
3. 張西曼著「大肉氏人種及西竄年代考」見廿四年五六月蒙藏月報、中央日報、北平晨報、河南民國日報等。
4. 張西曼著「回教非回族」見廿八年八月十日越南日報及九月十一日益世報昆明版節文
5. 張西曼著「新疆十四族（?）來源的檢討」見三十年八月邊事研究
6. 馮承鈞譯布哇「帖木兒帝國」商務版
7. 大英百科全書專條
8. 蘇維埃小百科全書專條
9. 張西曼著「烏孫卽哈薩克考」見說文月刊及民主與科學雜誌二期

第三篇　烏孫即哈薩克考

此題擬定已久，祗因我偉大中華民族解放戰爭，密切配合民主同盟消滅法西斯軸心侵略，接近最後勝利而益趨艱危堅苦之時際，要當努力促進國內之民主團結，和中蘇兩大殲滅日寇陸軍主力的盟友間的開誠合作，所以分心難專；同時更因重要參攷圖籍散佚已盡，發揮爲難，不願率然執筆。今年二月下旬中央大學地理系開「新疆圖書展覽會」於中央圖書館，我適值吳稚暉先生同時來會參觀。稚暉先生即問我關於「烏孫」的一文是否草就，並問「烏孫」是否與（元史）「阿速」有關？……此老倡導中國科學化運動五十年，熱誠實足欽佩。現值稚暉先生八旬榮慶甫過，我勉抑長沙故鄉淪喪後母妻安全莫測之深痛，及對國事之殷憂，力隨文化諸子之後補獻此文爲壽。

「七七」七週年誌於中國邊疆學術研究會。

一　匈奴的驕横及漢的對策

以泗水（今江蘇沛縣東）亭長（十里一亭）出身的劉邦利用了萬分昏淫貪暴的秦二世時

代的農民大變亂，起兵七年(公元前209——202)，最後擊敗了最大政敵的項羽，混一了宇內，於是由自立爲漢王(公元前二〇六)時所置舊都櫟陽(今陝西臨潼東北)西遷數百里，定新都名爲長安，滿以爲從此可以長治久安，而繼續重溫秦始皇(公元前二四六——二一〇)萬世一系的專制迷夢了。殊不知北方游牧族的匈奴國中也同時產生了一個大野心家的冒頓(Baghdur，公元前二〇九——一七四，計當國三十六年)。從冒頓的當國，整軍經武，誘圍漢高祖劉邦於平城(公元前二〇〇，漢高十年。)擊滅東方强隣的東胡(此事年代待考，迄今未經史學者釐定)和其子右賢王(我論證卽老上單于稽粥Kayuk，公元前一七四——一六一當國。)敗大肉氏(今塔吉克Tajiks，前人誤爲月氏或月氐)於(黄)河西走廊(紀元前一七六，漢文帝四年，冒頓三十四年。見參考二)以至公元前一〇五年漢武帝遣江都王劉建之女細君出嫁烏孫老王昆莫(昆彌，Cumul, Kumil, Khamil哈密一名之來源)爲右夫人之前後約一百年中漢匈間之較大相互關係，尤其軍事衝突，見於中國史籍的實不勝枚舉。皇位六傳至漢武帝(公元前一四〇)就覺到一味「和親、賂遺」的終非長策，所以不惜一再派遣重要外交使節張騫間道深入西域，企圖爭取大肉氏或烏孫爲對匈奴之攻守同盟。此舉不但要斬斷與收取「匈奴右臂」之河西走廊，以防制匈奴勾結西部氐羌入寇中國的大害，而且奠定了一時合力消除北方巨敵奴役全中國的大功業。我們在二千年後的今日展讀冒頓致以後當國的寡后呂雉的一書，深深的感到其中並不止於措辭褻嫚，存心挑戰，實在也暴露了他那政治聯昏、並主中國的野心試探。這在中世紀的歐洲封建國家間却有過不少的史例。

至於張騫第一次出使西域（公元前一三八——一二六，漢武帝當國三——一五年，共十二年）聯絡大肉氏失敗的主因，就在當時這伊蘭游牧族的一支被東方匈奴游牧族慘敗而竄近伊蘭高原的故鄉，當然不願因中國使者的如簧之舌而欣動東來對匈奴復仇，爭霸。在公元前一二一年（元狩二年）以後霍去病，衞青諸將軍利用了匈奴渾邪王併殺休屠王的內亂，得了張騫的有力嚮導，水草無之，統率大軍擊走了匈奴，於是同時所謂『匈奴右地』的隴西，北地，上郡纔得到安全的保障。

忠於國家民族的張騫，並不因利慾薰心而安享官僚的尊榮，更不因以前的失敗而灰心喪志，却要貫徹消除北方大患的初衷，建立一番大事業。於是他又提出一個新的建議於那奮發有爲，報仇心理强烈的漢武帝，說：

「……今單于新困於漢，而昆莫地（指今河西，哈密一帶）空。蠻夷戀故地，又貪漢物，誠以此時厚賂烏孫，招以東居故地；漢遣公主爲夫人，結昆弟，其勢宜聽：則是斷匈奴右臂也。既連烏孫，自其西大夏之屬，皆可招來而爲外臣……」。

這番話居然是很動聽奏效的。就由漢武帝拜張騫做中郞將，帶領三百隨員，衞隊，每人發馬二匹，供一騎一荷之用；並帶牛羊萬頭，金，帛的總值好幾千萬。很多隨員持了副使節，如道途通達，就派遣他們往其他各國宣傳，活動。張騫二次到達了現今伊犂河流域哈薩克斯坦地方，將皇帝諭旨和贈品當面交上烏孫王，說：

「……烏孫能東居故地，則漢遣公主爲夫人，結爲昆弟：共拒匈奴，不足破也」。

中國史書已經說明當時的烏孫王年紀已老，因爲個人精力的衰竭，祗好和他兒子大祿以及孫岑陬三分天下，各將萬餘騎保衞一方。他對於中國大皇帝代表的來意，當然無力來獨裁，專斷了。而烏孫貴人們既不曉中國的强弱，又畏懼匈奴的威脅，不願向東遷移，所以昆莫不能立卽和中國使臣成立任何書面或口頭的條約。最後祇派數十人帶同幾十四貢馬隨了張騫入漢報謝，藉便來窺探一下中國的虛實。烏孫使者回國報告漢的廣大富庶，於是才打動他們連合抵禦那共同敵人之念。雖則不幸張騫死去，不能及身見到偉大使命的成功，可是以後奉使西域各國者每年却多到數千人了。交通日繁，中國的軍事進展日趨有利，商業資本因之非常發達活躍起來。但是烏孫終不肯東來，祗得在河西分置張掖，酒泉，武威，敦煌四郡，移內地兵民實行軍屯，一方面在防制及削弱匈奴南下之實力，一方面在保護軍事及絲絹的商業利益而經營西域之唯一交通孔道。

公元前一〇五年（元封六年）烏孫老王貢馬千匹，求通昏因。漢武帝雖盛飾江都公主下嫁，但匈奴也將女兒强嫁昆莫爲左夫人（匈奴尊左，左夫人卽大太太），在家庭地位和名義方面，匈奴公主仍然占了上風。爲國家民族安全而忍辱負重的江都公主獨居行帳，雖然有從內地帶去的宮女，宦官，侍衛，屬官等數百人的侍奉周到，可是一年多來，祗和他那名義上的老丈夫會面一二次，而且言語不通，更覺得生活的索然寡味。她內心憂傷，作了一首「黃鵠歌」來自悼身世：

「吾家嫁我兮天一方，遠適異國兮烏孫王。穹廬爲室兮氈爲牆，以肉爲食兮酪爲漿。居常思土兮心內傷，願爲黃鵠兮歸故鄉！」。

中國向有早婚的陋俗。推測這位宮廷外交手段下的犧牲品未必超過二十至廿五之間的年紀。至於烏孫王之老究竟到了甚麼程度？對於這個相當有趣的問題，我已在一九三五年所著「大肉氏人種及西竄年代考」中作了一個正碻有力的解答。我首先擁護史記「昆莫父難兜靡被殺於匈奴」之說，並且斷定卽在右賢王（我又證明他卽後之老上單于）大舉西征，擊敗大肉氏等族之時（公元前一七六，文帝四年，冒頓三十四年）。由此斷定昆莫出生之年，推算到他當漢家駙馬之年（公元前一〇五，元封六年），正有七十一歲（一）

。以一紅顏少婦被迫出嫁一位風燭殘年的老朽，宜乎她悲切地癡想化為黃鵠飛回那春色惱人的江都(江蘇揚州)了。黃鵠終不可變，而老昆莫却富有同情，自慚形穢，甘願先將這少妻在壽終傳位之前轉嫁一位年富力强的，合法繼承者長孫岑陬。但是從中國舊禮教上說來，這又無異於姨祖母下嫁孫子了。江都公主也來不及研究以前和親的先例和後果何如，祇好將己身遭遇的非常事態陳報朝廷，請示辦法。而代表宗法社會的漢帝，却也不擇手段，復書教她聽從烏孫的國俗。歷史載明公主與岑陬生過一女後不久死去。漢廷又不惜强制楚王劉戊的女解憂為公主，作為烏孫新王的第幾號的塡房。岑陬死，解憂公主也照例轉嫁代立為王的岑陬之弟肥王翁歸靡為平妻。

這是初期中國與烏孫的政治昏因上中國兩個弱女子的同樣悲劇，雖以後兩國治亂不常，而因兩族血誼的調和，在當時『軍事同盟』的政策上，多少產生了預期的效果。我現就歷代史書所記兩族間若斷若續，時和時戰的較大關係列一簡表：

公元前七二年(宣帝本始二年)匈奴合車師兵侵烏孫。本年徇肥王和楚公主的請救，派五將軍統率十五萬騎北度大漠。另遣校尉常惠持節發烏孫兵五萬騎，實施對匈奴的包圍夾擊。並由烏孫騎兵突襲匈奴西部，生擒匈奴小王以下男女四萬餘口，牲畜七十餘萬頭。從此匈奴衰弱。

公元前六三年（宣帝元康三年）帝以公主相夫許昏昆莫解憂子所謂漢外孫之元貴靡。罯官屬侍御百餘人，舍上林御苑中學習烏孫的方言（可惜當時教本無流傳！）。以後少主至敦煌聞岑陬死，王位爲其元配子泥靡所奪，號狂王。天子徵還少主後，而狂王復昏其後母解憂，生一男，但不與主相和好。

公元前五三年（宣帝甘露元年）烏孫國亂，遣常惠將三校屯田赤谷城，立大小兩昆彌（昆莫）。

公元前四九年（宣帝黃龍元年）郅支單于破烏孫，烏揭，丁令，都堅昆。

公元前四四年（元帝初元五年）郅支單于殺漢使，西逐康居，屢犯烏孫。

公元前三六年（元帝建昭三年）西域副都護陳湯與都護甘延壽合兵襲殺郅支單于於康居，傳首至京師。

公元前一一年（成帝元延二年）遣中郎將段會宗討烏孫太子番丘，殺之。

公元前一年（哀帝元壽二年）烏孫，匈奴均來朝。

公元*I22—I25*（安帝延光間）中國與烏孫三通三絕。

公元*I27*（順帝永建二年）班勇擊降烏耆，於是十七國來服從，而烏孫葱嶺以西絕。

公元402(東晉安帝元興元年)柔然 Avars 據漠北稱可汗，以後卽爲烏孫屢被侵犯，西走葱嶺山中，無城郭，隨游牧，逐水草……

公元437(南北朝)烏孫最後隨蠕蠕(柔然)等西域十六國朝貢於雄踞北方而建立後魏的鮮卑族拓跋氏。

此後衰弱的烏孫就不復見於中國的史載，而游牧於伊犂河流域的故地，在隋唐爲西突厥十部。其中的葛邏祿Karluk部作過1130年耶律大石所建西遼Kara-Kitai(黑契丹)的屬國，隨後爲蒙古所征服，畫入察合台汗國的版圖。到了明代被突厥的瓦剌(衞拉特)欽察二部所分占。惟元史所述的塞爾柱克仍是烏孫(哈薩克中部)康里等族所建立。

至於那遠紹烏孫遺業哈薩克部名在中國史上之出現，晚在公元1757年，清乾隆二十二年兆惠將軍追擊準噶爾(俄爲喀爾美克)阿睦爾撤納之時。根據大英百科全書十四版的說明，哈薩克一名已於1020年爲波斯Firdousi所介紹。此種蛛絲馬跡，頗可說明烏孫——哈薩克二名之衍變，恰同遠祖和裔孫的一貫血統的關連。烏孫——哈薩克先後活躍於土耳其斯坦已有二千餘年之久，不曉近年蘇聯科學院所出版的『哈薩克加盟共和國史』對於烏孫和哈薩克的前後關係能否在一切與中亞有關民族的歷史科學上作個溝通和整理的工夫。這種偉大功績是我衷心希望各國，尤其中，俄，哈學者早日合力的建樹起來。

二　烏孫族的誤測

烏孫(哈薩克)和中國歷史連綿有二千多年的關係，可是在南北朝突然失去了蹤跡。他們究竟是被柔然(蠕蠕，芮芮)等後起敵人整個消滅了嗎，還是和其他部族混合了？尤其是以後史，地，民族學者均在苦心研討將他們列入一個部族，似乎不認爲世代顯赫的强健民族的他們是已被完全消滅或同化。下列三說可以代表一切的意見，如：

1.清朝何秋濤的「俄羅斯」說——此論已被多數學者所駁斥，因爲歷史說明了斯拉夫族包括俄羅斯人，烏克蘭人，白俄羅斯人，波蘭人等，僅在一千五百年前，約當晉末和南北朝時代生息於波羅的海沿岸和多惱，聶伯兩河之間，時代和地望都與何秋濤所想象的烏孫距離太遠。大概他看到了顏師古的註解，說明烏孫的容貌爲「青眼黃鬚」(參考六)，同時又看到了烏孫國最後遊牧故地是畫分在俄屬中央亞細亞境內，所以誤解了Rus(俄羅斯古名)的讀音，以爲俄羅斯人遠在周秦時代已經伸入東方了。

2.「阿速」Ases, Asuts, Asods說——因爲「烏」字漢音讀「阿A」，讀「牙ya」，所以又有這種連類相及的推測。「烏」古讀「阿」的證例，如「秦聲烏烏」和「烏虖」(阿哈、示愴痛聲)更爲明顯。但是「阿速」(有定爲「奄蔡」之古譯)是在1221年蒙古哲別和速不台二將西侵高加索時被戰敗的一族。蒙古遊牧統治者並曾在他們中挑選千人編作特別的宿衞。忽必烈以後更有左右阿速衞的建立。他們原是生息於裏海高加索山和頓河間的伊蘭族，375年被匈奴征服的阿蘭人Alans的苗裔，俄國古史稱他們爲Yases,而喬治亞古史稱他們爲Oses，在俄國近代史上改稱爲奥雪蒂人Osetins 或伊蘭人 Irons。他們現有人口約三十萬，在蘇聯憲法上已取得組織北部奥雪蒂自治省和南部奥雪蒂自治省之保障。我們已在原則上斷定烏孫屬於突厥族，根據這段的分析，更可證明烏孫和伊蘭族的阿速無干。

3.其他對烏孫部族的研究，如De Guignes定爲韃靼族，Neuman定爲芬族，Klopr-oth 定爲印度日耳曼族………當然有誤。卽白鳥庫吉等學者定爲突厥族，雖大致不差，但是突厥部族分別也很繁複，到底如何釐定它的屬繫，却是至今難決的懸案。卽著韃靼千年史 E.Parker 否定了一部份歐洲學者的 Eusenu或 Edones 的論斷後，另想從對音方面定其爲 Awsen或Orson 。但是據我多年忠實的研究，頗敢斷定他們的努力同歸失敗。三說中無一可以成立的理由既如上面所述，那麽，就要請虛心聽我的研究報告了。

三　烏孫卽阿薩．哈薩的對音

這個論斷驟然在 Asa(n)—Khasak, Kazak, Kazakh 兩個字面上來比照，似乎也嫌牽强附會了。其實不然。因爲這一舊(烏孫)一新(哈薩克)的名稱，中間却相隔了兩千年，經過了長期乃至國際間的展轉衍變，那能在字形或讀音方面不有多少異同呢。

爲要辯護我的忠實的科學觀察，就得先將烏孫 A-sa(n)和哈薩(克)Kha-za(k) 各別分成兩個音節(Syllables)，以便先分段然後綜合解釋它或它們兩千年來衍變的痕蹟。同時我們要用庖丁解牛的方法從尾到頭來分析，所要注意的——

第一，從古代，尤其不通外族語文的人們展轉間接傳下的外來名稱的音節常有變化訛錯，甚至不爲本民族所理解。本文第二章所引「阿速」就算一個顯明的證例。

第二，在中文翻譯上向來對於外來語尾 k,ğ,gh,t 等單純子音的收音一概放棄。就是在我們廣東福建一帶所保存這類古讀的收音也祇限於口頭用語，在文字上，除拼音字母外，絕少能表達。根據這種理由，我們自然要放棄本題K,kh的收音。

第三，我們在傳統習慣上最喜在外來名稱的一個音節，尤其是最後者，加上一個鼻音的收音，信手拈來的證例如下：

1. Kathay (Kitai) ——通譯：契丹，而俄人及中亞一帶的人民均之指中國；
2. Kankly——通譯：康里，康禮，而元祕史又作康鄰；

3. Kipchak——通譯：欽察（奇卜察克）；
4. Tatar——通譯：韃靼（達達兒）；
5. Tobat(Tibet)——通譯：吐蕃，現稱西藏；
6. Arsaces——通譯：安息，現之波斯；
7. Tanghut——唐古，唐兀惕，唐古特（西夏），番人；唐代稱黨項；
8. Chahar——察哈爾，明代稱：察罕，插漢；
9. Kirghiz——漢之堅昆，唐之黠戛斯，現稱：吉爾吉斯，黑黑子……

另有一個變例，就是蒙古 Mongol 之入居印度和阿富汗者，反失却原有第一音節上的鼻音收音而蛻變爲Mogol莫臥兒……根據這種理由，滿可以斷定在漢代展轉重譯的「薩」Sa（k）或Za（kh）等大有訛爲「孫」San之可能。如能除去贅疣之鼻音而恢復它整個現代正確音讀，就成爲阿薩或哈薩(克)了。

第四，外來語首或中部的k,kh,g,gh,h等之蛻變是說明後顎(喉)音之自然脫落或軟變，而硬變用以加强所拼母音之發音。這種例子又是不少。現在隨便引證一下，如：

1, Ong(g)irad 蒙古雜支之翁吉拉，同時冠K作 Kong(g)irad；
2, Bagatur 巴圖魯（勇士，此字也普用在俄文中）衍變爲 Ba'atur, Baturu；

3, 英文 Horde 帳(幕)，在俄文爲Orda，

4, Ormuzd（波斯稱：天帝)在回紇和蒙古語中强變爲Khormusda，

5, 古代的賀蘭山——衍變爲阿拉善…

根據這種理由，可以斷定 Ka 喀，Kha哈，以及A烏(阿)，Ya（鴉）的音節也能作「必要的」相互蛻變，祗要環境習慣上允可的話。

綜合上述理由，我敢斷定『烏孫』即「哈薩克」之對音。現在更舉例同時出現的「于闐」——Yuten（佛經作Kustana）一名之日後强變爲 Cotan, Khotan「和闐」，滿可有力證明古代「烏(阿)孫」可以强變爲今日之「哈薩克」了。

同時必要附帶糾正的，就是我們中國誤認「哈薩克」爲「哥薩克」Cossacks（俄文也混稱爲Kazaks)的人實在不少。兩名雖有多少雷同，但哥薩克(韃靼語同爲騎士）是從十六世紀起至俄國十月大革命前在聶伯河，頓河，烏拉爾河一帶邊區特別形成的社會集團。這中嘯聚的主要成份是逃避兵役，苛稅，苦工，罪刑的農奴，壯丁，軍犯之類。因爲他們比較有戰鬥和組織能力，所以聲勢日趨浩大，使沙皇專制政府也不能不有所讓步。在蘇維埃政權下，更以優秀騎兵的雄姿建立了肅淸內外敵人的武功。

至於本文的主人公已經在蘇維埃聯盟中建立了一個富强繁榮的「哈薩克蘇維埃社會

主義共和國」Kazakh S.S.R.，領土之大，除俄羅斯蘇維埃聯邦社會主義共和國占第一位外，奄有二百七十三萬四千七百平方公里，人口約六百二十萬，哈薩克人占百分之六十，都城爲 Alma-Ata 阿拉木圖(蘋果之父)。從今年二月蘇聯最高蘇維埃第十次大會決議授予各(十六)加盟共和國以獨立的國防，外交兩大權力後，我國，尤其新疆，對於西鄰的哈薩克(烏孫)，黠戛斯，月卽別，大肉氏四大反法西斯的盟友更要加强友好互助的關係了！

本文重要參考資料——

1.中國二十五史四裔傳。

2.張西曼著「大肉氏(月氏)人種及西窟年代考」，一九三五年南京版。本文將轉載「民主與科學」雜誌。

3.巴克著「韃靼千年史」

4.張西曼譯「蘇聯憲法」和「月卽別加盟共和國憲法」，「哈薩克加盟共和國憲法」等分載一九四四年法學雜志三卷一，三，五，七，九各期。

5.張西曼著「中亞纏回爲沙陀苗裔考」載一九四二年邊政公論二期。

6.馮承鈞譯格魯賽編「蒙古史略」第一章註十一：西遼 Kara—Kitai 之西，幹羅思

(俄)南方平原中有Comans民族，俄人名之為Polovetzs，據Marqart 的考訂，此族繫於古土耳其斯坦赤髮碧眼的種族…先居其地是Pechenegs人。據M氏之說，此族就是西突厥…

前述的 Poloyetzs 可以斷定為烏孫苗裔，而一部歐洲學者認為是哈薩克(烏孫)中帳的欽察。

7.張西曼著「新疆十四(？)族來源的檢討」載一九四一年七月邊事研究，文中有言：哈薩克人…也有赤髮藍睛的，而且祖，父之妾，兄弟之妻均保持著在夫死後轉嫁晚輩或同輩的突厥古風。尤其是夫死「剺面流血」一舉，更與中國歷史所載的「烏孫」男性中心的宗法惡習同一格調。現在蘇聯境內者此風當然改變。

8.小蘇維埃百科全書各專條。

9.關於中蘇友誼與軍事合作的必需，請參看去年十月號「中蘇文化」載鄙著「二十一年前與今日的聯俄決策」一文。

關于著者的革命政治生活和文化教育工作經過，請參看——

1.上海密勒氏評論報 THE CHINA WEEKLY REVIEW 出版 WHO'S WHO IN CHINA, 1947.

2.紐約 INSTITUTE FOR RESEARCH IN BIOGRAPHY 出版 BIOGRAPHICAL ENCYCLOPEDIA OF THE WORLD, 1947.